Impressum
Verlag: BABADADA GmbH, Nedderfeld 112 , 22529 Hamburg
Geschäftsführer / Verlagsleitung: Harald Hof
Druck: Books on Demand GmbH, In de Tarpen 42, 22848 Norderstedt

Imprint
Publisher: BABADADA GmbH, Nedderfeld 112 , 22529 Hamburg, Germany
Managing Director / Publishing direction: Harald Hof
Print: Books on Demand GmbH, In de Tarpen 42, 22848 Norderstedt

escuela
école

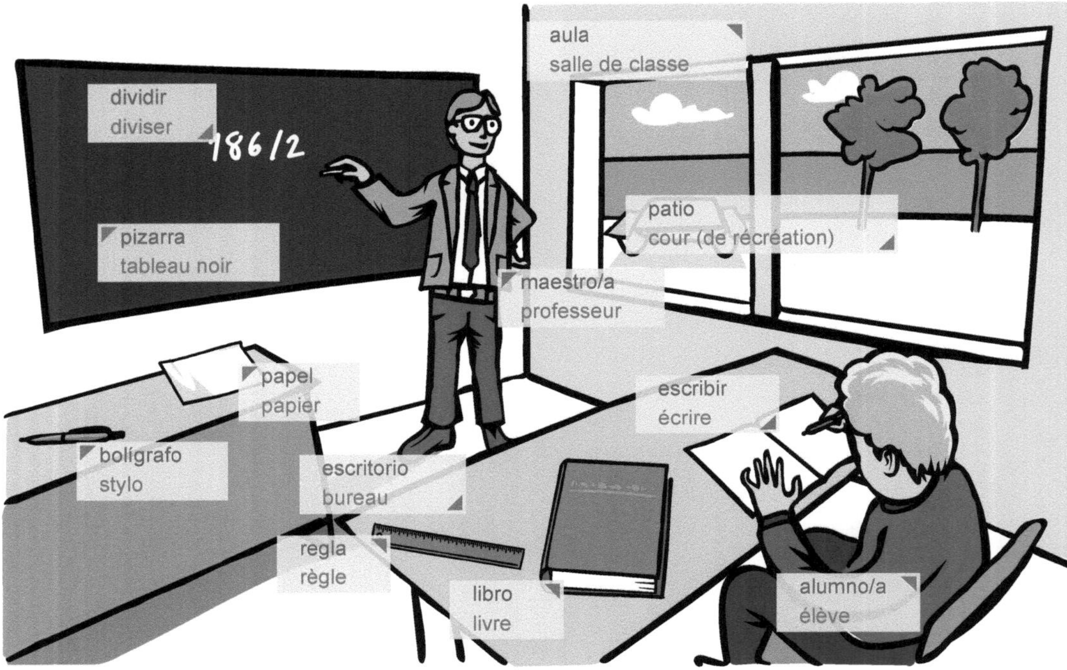
aula
salle de classe
dividir
diviser
186/2
pizarra
tableau noir
patio
cour (de récréation)
maestro/a
professeur
papel
papier
escribir
écrire
bolígrafo
stylo
escritorio
bureau
regla
règle
libro
livre
alumno/a
élève

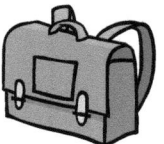

cartera
cartable

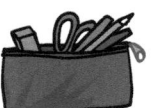

caja de lápices
trousse

lápiz
crayon

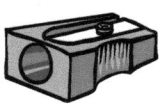

sacapuntas
taille-crayon

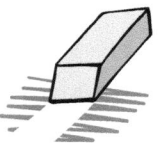

goma de borrar
gomme

cuaderno de dibujo
carnet à dessin

dibujo

dessin

pincel

pinceau

caja de pinturas

boîte de peinture

tijeras

ciseaux

pegamento

colle

cuaderno de ejercicios

cahier d'exercices

deberes

devoirs

número

chiffre

sumar

additionner

restar

soustraire

multiplicar

multiplier

calcular

calculer

letra

lettre

alfabeto

alphabet

palabra

mot

texto

texte

leer

lire

tiza

craie

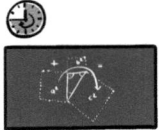

lección

leçon

cuaderno de notas

livre de classe

examen

examen

certificado

certificat

uniforme escolar

uniforme scolaire

educación

formation

enciclopedia

lexique

universidad

université

microscopio

microscope

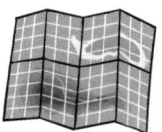

mapa

carte

papelera

corbeille à papier

viaje

voyage

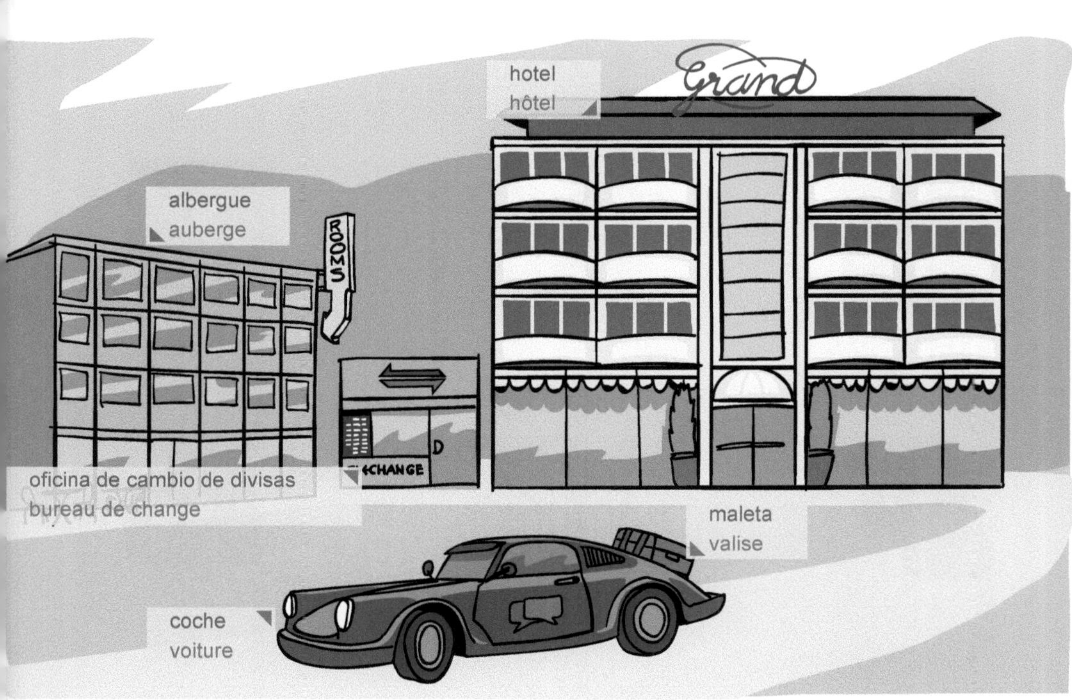
hotel
hôtel
Grand
albergue
auberge
ROOMS
CHANGE
oficina de cambio de divisas
bureau de change
maleta
valise
coche
voiture

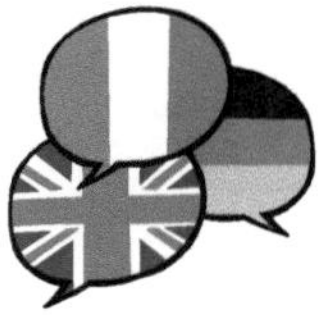

idioma

langue

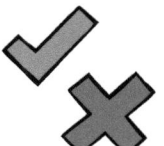

sí / no

oui / non

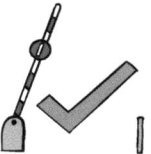

Vale

d'accord

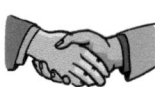

hola

Salut

traductor

interprète

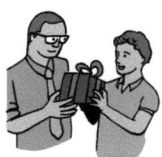

Gracias

merci

¿cuánto es...?

Combien coûte...?

No entiendo

Je ne comprends pas

problema

problème

¡Buenas tardes!

Bonsoir !

¡Buenos días!

Bonjour !

¡Buenas noches!

Bonne nuit !

adiós

Au revoir

dirección

direction

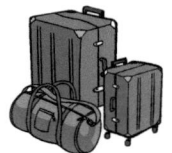

equipaje

bagages

bolsa

sac

mochila

sac-à-dos

invitado

hôte

habitación

pièce

saco de dormir

sac de couchage

tienda de campaña

tente

información turística

office de tourisme

playa

plage

tarjeta de crédito

carte de crédit

desayuno

petit-déjeuner

almuerzo

déjeuner

cena

dîner

billete

billet

ascensor

ascenseur

sello

timbre

frontera

frontière

aduana

douane

embajada

ambassade

visa

visa

pasaporte

passeport

transporte
transport

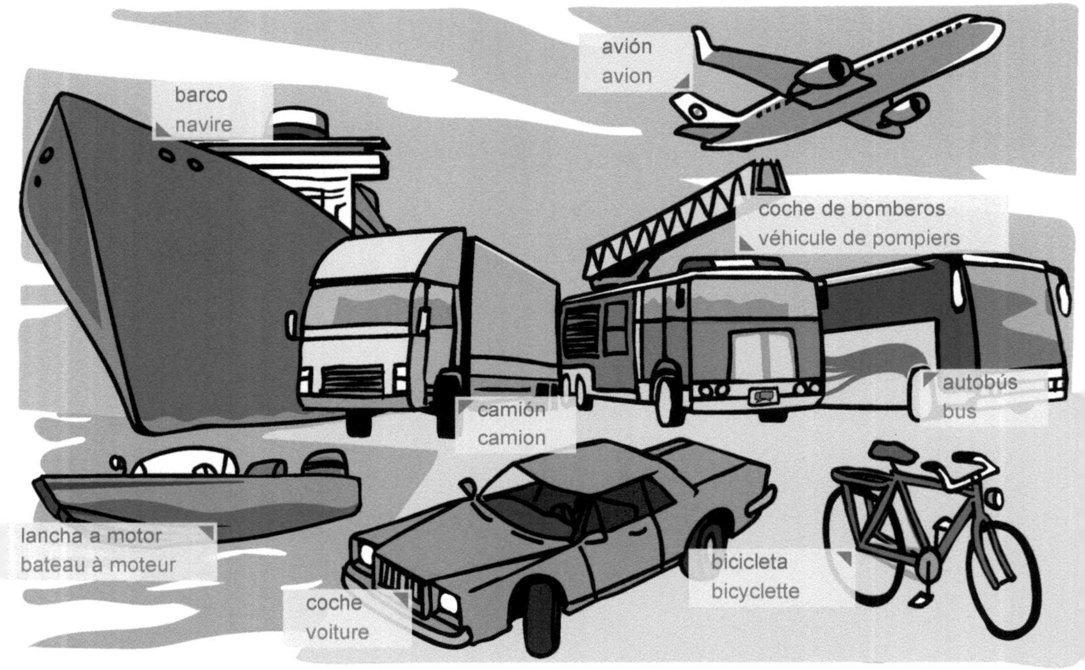

avión
avion
barco
navire
coche de bomberos
véhicule de pompiers
autobús
bus
camión
camion
lancha a motor
bateau à moteur
bicicleta
bicyclette
coche
voiture

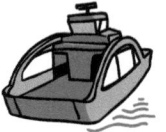

transbordador

ferry

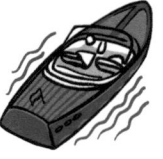

barca

barque

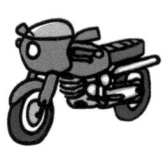

moto

moto

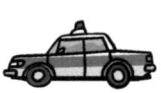

coche de policía

voiture de police

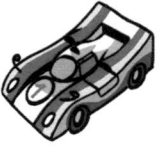

coche de carreras

voiture de course

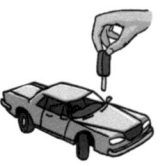

coche de alquiler

voiture de location

préstamo de vehículos
....
auto-partage

grúa
....
voiture de remorquage

camión de la basura
....
benne à ordures

motor
....
moteur

gasolina
....
essence

gasolinera
....
station d'essence

señal de tráfico
....
panneau indicateur

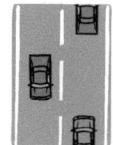

tráfico
....
trafic

atasco
....
embouteillage

aparcamiento
....
parking

estación de tren
....
gare

vías
....
rails

tren
....
train

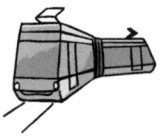

tranvía
....
tramway

vagón
....
wagon

helicóptero
hélicoptère

aeropuerto
aéroport

torre
tour

pasajero
passager

contenedor
conteneur

caja de cartón
carton

carretilla
chariot

cesta
corbeille

despegar / aterrizar
décoller / atterrir

ciudad

ville

pueblo
village

centro de ciudad
centre-ville

casa
maison

cine
cinéma

anuncio
publicité

farola
réverbère

CINEMA

calle
rue

taxi
taxi

peatón
piéton

quiosco
kiosque

acera
trottoir

paso de cebra
passage piéton

contenedor de basura
poubelle

cruce
carrefour

semáforo
feux de circulation

cabaña

cabane

apartamento

appartement

estación de tren

gare

ayuntamiento

mairie

museo

musée

escuela

école

universidad

université

banco

banque

hospital

hôpital

hotel

hôtel

farmacia

pharmacie

oficina

bureau

librería

librairie

tienda

magasin

floristería

fleuriste

supermercado

supermarché

mercado

marché

grandes almacenes

grand magasin

pescadería

poissonnerie

centro comercial

centre commercial

puerto

port

parque

parc

banco

banque

puente

pont

escaleras

escaliers

metro

métro

túnel

tunnel

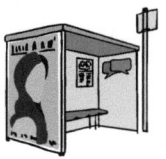

parada de autobús

arrêt de bus

bar

bar

restaurante

restaurant

buzón

boîte à lettres

poste indicador

panneau indicateur

parquímetro

parcmètre

zoo

zoo

piscina

piscine

mezquita

mosquée

ciudad - ville

granja

ferme

contaminación

pollution

cementerio

cimetière

iglesia

église

patio de juego

aire de jeux

templo

temple

paisaje
paysage

hoja
feuille

señal
panneau indicateur

camino
chemin

prado
pré

piedra
pierre

árbol
arbre

excursionista
randonneur

río
rivière

hierba
herbe

flor
fleur

valle
vallée

colina
montagne

lago
lac

bosque
forêt

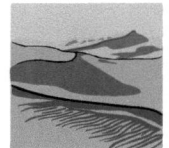

desierto
désert

volcán
volcan

castillo
château

arcoíris
arc-en-ciel

champiñón
champignon

palmera
palmier

mosquito
moustique

mosca
mouche

hormiga
fourmis

abeja
abeille

araña
araignée

escarabajo

coléoptère

rana

grenouille

ardilla

écureuil

erizo

hérisson

liebre

lièvre

lechuza

chouette

pájaro

oiseau

cisne

cygne

jabalí

sanglier

ciervo

cerf

alce

élan

presa

barrage

turbina eólica

éolienne

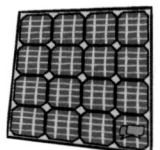

panel solar

panneau solaire

clima

climat

restaurante
restaurant

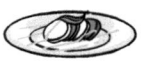

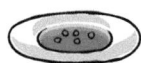

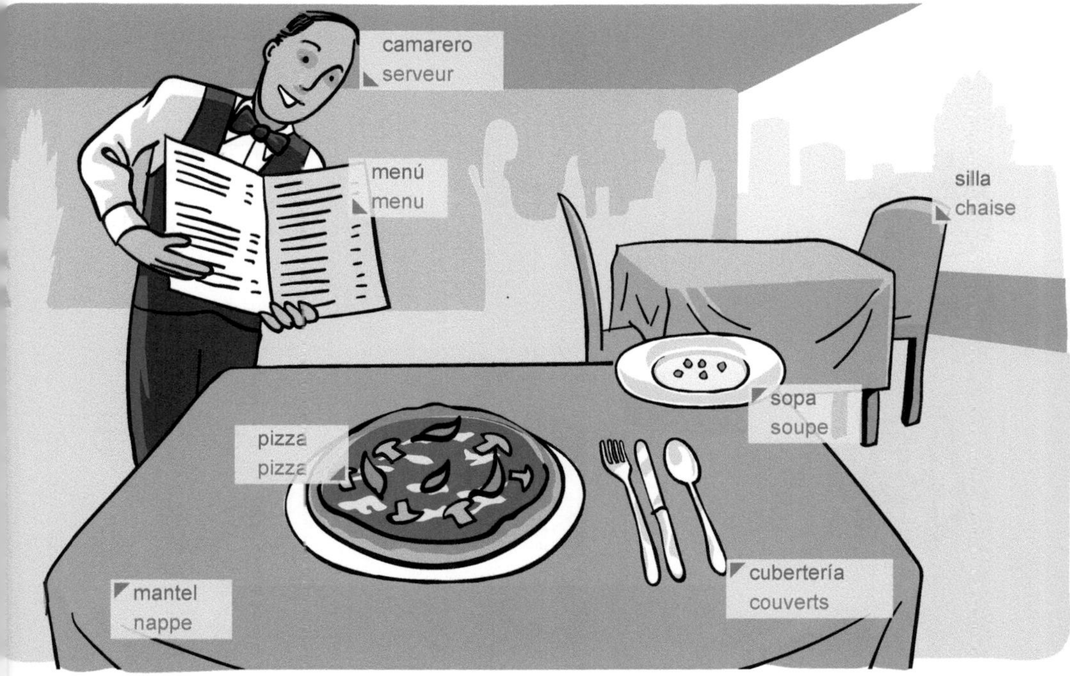
camarero
serveur
menú
menu
silla
chaise
sopa
soupe
pizza
pizza
mantel
nappe
cubertería
couverts

primer plato

hors d'œuvre

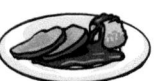

plato principal

plat principal

postre

dessert

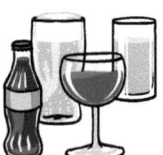

bebidas

boissons

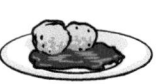

comida

alimentation

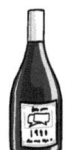

botella

bouteille

comida rápida
fast-food

comida callejera
plats à emporter

tetera
théière

azucarero
sucrier

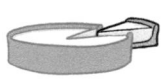

porción
portion

cafetera expreso
machine à expresso

trona
chaise haute

cuenta
facture

bandeja
plateau

cuchillo
couteau

tenedor
fourchette

cuchara
cuillère

cucharilla
cuillère à thé

servilleta
serviette

vaso
verre

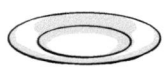

plato
....
assiette

plato hondo
....
assiette à soupe

platillo
....
soucoupe

salsa
....
sauce

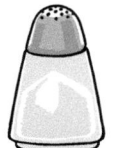

salero
....
salière

molinillo de pimienta
....
moulin à poivre

vinagre
....
vinaigre

aceite
....
huile

especias
....
épices

ketchup
....
ketchup

mostaza
....
moutarde

mayonesa
....
mayonnaise

supermercado
supermarché

oferta especial
offre promotionnelle
FOR
cliente
client
lácteos
produits laitiers
fruta
fruits
carro de la compra
chariot

BUTCHERS

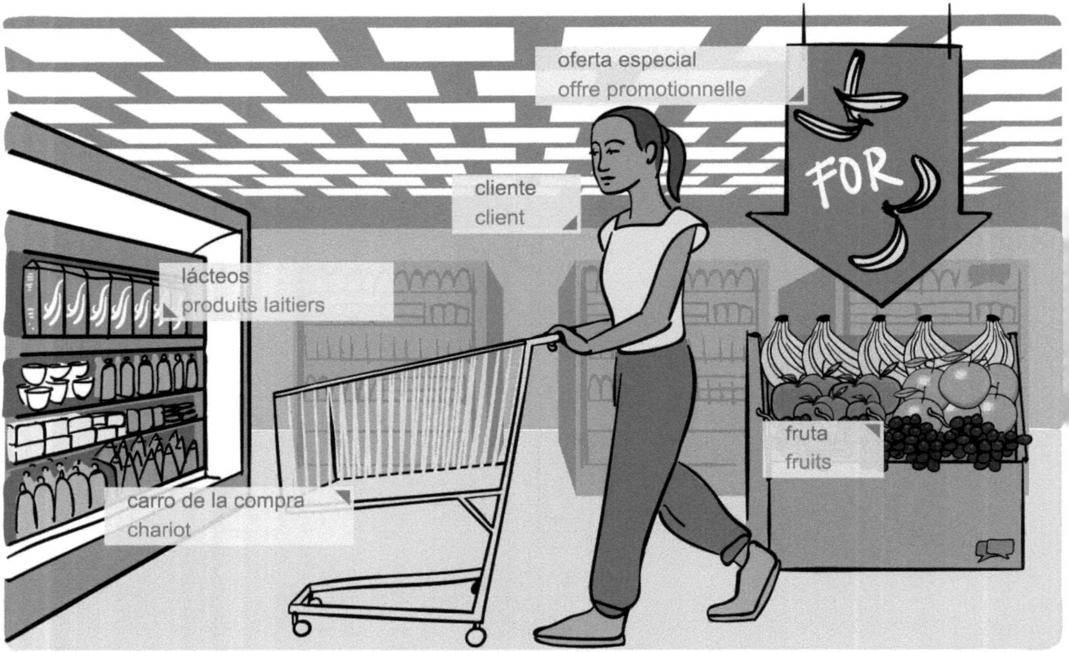

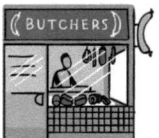

carnicería
boucherie

BAKERY

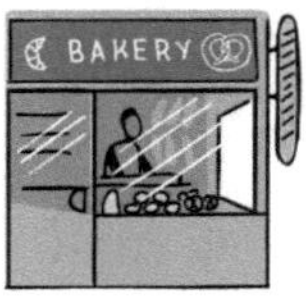

panadería
boulangerie

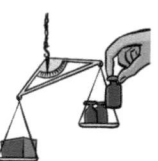

pesar
peser

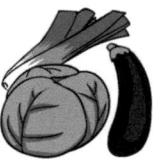

verduras
légumes

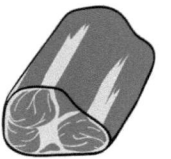

carne
viande

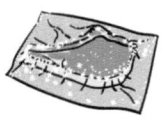

alimentos congelados
aliments surgelés

fiambres

charcuterie

conservas

conserves

detergente en polvo

poudre à lessive

dulces

bonbons

productos de uso doméstico

articles ménagers

productos de limpieza

détergents

vendedora

vendeuse

caja

caisse

cajero

caissier

lista de la compra

liste d'achats

horario de atención al público

heures d'ouverture

cartera

portefeuille

tarjeta de crédito

carte de crédit

bolsa

sac

bolsa de plástico

sac en plastique

bebidas
boissons

agua
eau

zumo
jus de fruit

leche
lait

cola
coca

vino
vin

cerveza
bière

alcohol
alcool

cacao
chocolat chaud

té
thé

café
café

expreso
expresso

capuchino
cappuccino

plátano

banane

manzana

pomme

naranja

orange

melón

melon

limón

citron

zanahoria

carotte

ajo

ail

bambú

bambou

cebolla

oignon

champiñón

champignon

avellanas

noisettes

fideos

pâtes

espagueti

spaghetti

arroz

riz

ensalada

salade

patatas fritas

pommes frites

patatas fritas

pommes de terre rôties

pizza

pizza

hamburguesa

hamburger

sándwich

sandwich

filete

escalope

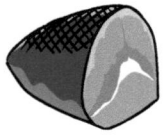

jamón

jambon

salami

salami

salchicha

saucisse

pollo

poulet

asado

rôti

pescado

poisson

copos de avena

flocons d'avoine

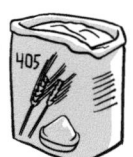

muesli

muesli

copos de maíz

cornflakes

harina

farine

cruasán

croissant

panecillo

petits-pains

pan

pain

tostada

pain grillé

galletas

biscuits

mantequilla

beurre

cuajada

le fromage blanc

pastel

gâteau

huevo

œuf

huevo frito

œuf au plat

queso

fromage

helado

glace

azúcar

sucre

miel

miel

mermelada

confiture

crema de turrón

crème nougat

curry

curry

granja
ferme

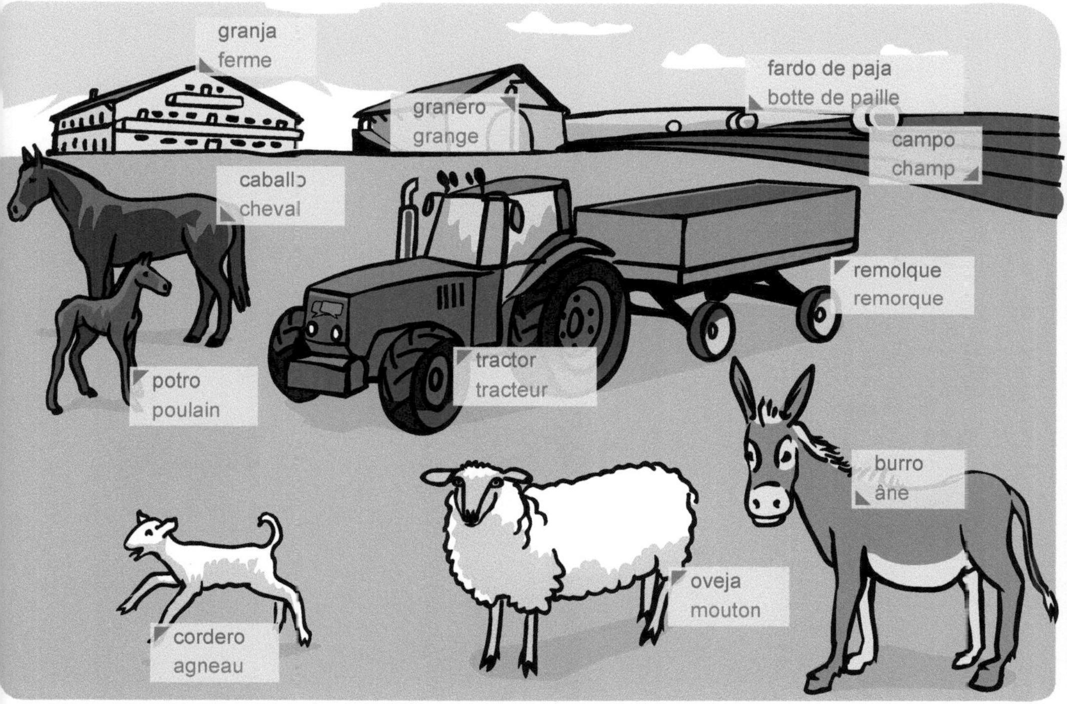
granja
ferme
granero
grange
fardo de paja
botte de paille
campo
champ
caballo
cheval
remolque
remorque
tractor
tracteur
potro
poulain
burro
âne
oveja
mouton
cordero
agneau

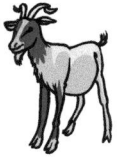

cabra

chèvre

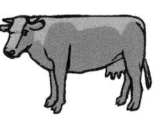

vaca

vache

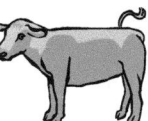

ternero

veau

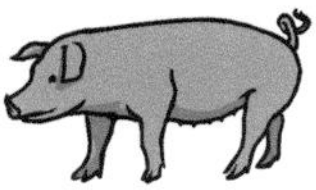

cerdo

porc

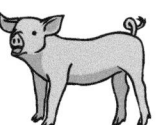

cerdito

porcelet

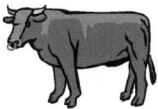

toro

taureau

ganso

oie

pato

canard

pollo

poussin

gallina

poule

gallo

coq

rata

rat

gato

chat

ratón

souris

buey

bœuf

perro

chien

perrera

chenil

manguera

tuyau de jardin

regadera

arrosoir

guadaña

faucheuse

arado

charrue

hoz
faucille

azada
pioche

horca
fourche

hacha
hache

carretilla
brouette

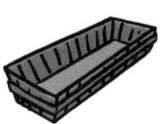

abrevadero
cuve

lechera
pot à lait

saco
sac

valla
clôture

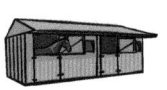

establo
étable

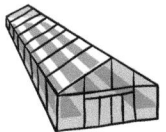

invernadero
serre

suelo
sol

semilla
semences

fertilizador
engrais

cosechadora
moissonneuse-batteuse

cosechar

récolter

cosecha

récolte

ñame

igname

trigo

blé

soja

soja

patata

pomme de terre

maíz

maïs

semilla de colza

colza

árbol frutal

arbre fruitier

mandioca

manioc

cereales

céréales

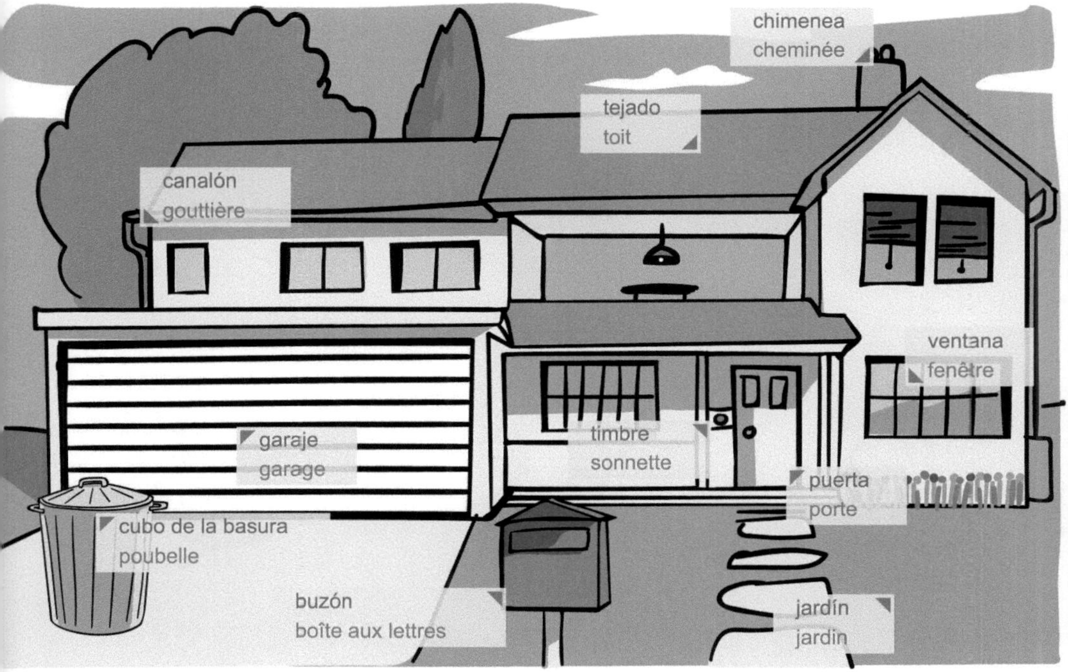

chimenea
cheminée

tejado
toit

canalón
gouttière

ventana
fenêtre

garaje
garage

timbre
sonnette

puerta
porte

cubo de la basura
poubelle

buzón
boîte aux lettres

jardín
jardin

sala
salon

cuarto de baño
salle de bain

cocina
cuisine

dormitorio
chambre à coucher

habitación de los niños
chambre d'enfant

comedor
salle à manger

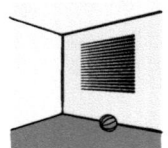

suelo
sol

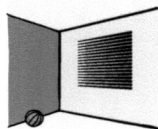

pared
mur

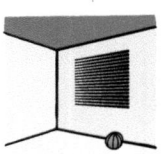

techo
plafond

sótano
cave

sauna
sauna

balcón
balcon

terraza
terrasse

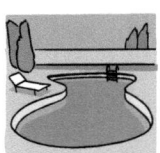

piscina
piscine

cortacésped
tondeuse à gazon

sábana
housse

colcha
couette

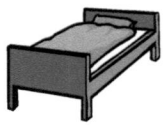

cama
lit

escoba
balai

balde
sceau

interruptor
interrupteur

sala
salon

papel pintado
papier peint
imagen
image
lámpara
lampe
estante
étagère
armario
armoire
televisión
télé
chimenea
cheminée
flor
fleur
cojín
coussin
sofá
sofa
jarrón
vase
mando a distancia
télécommande

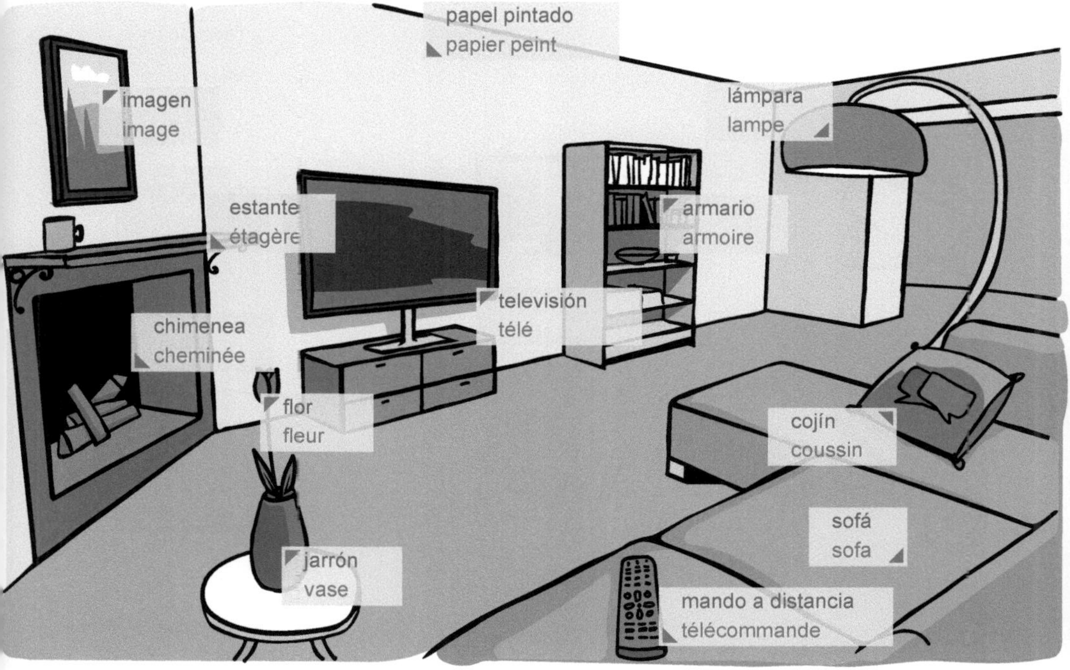

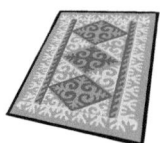

alfombra

tapis

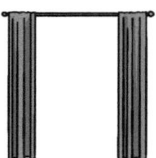

cortina

rideau

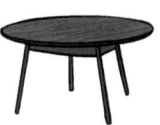

mesa

table

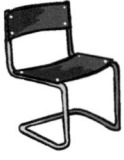

silla

chaise

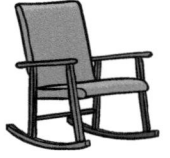

mecedora

chaise à bascule

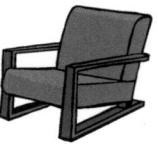

butaca

fauteuil

libro

livre

manta

couverture

decoración

décoration

leña

bois de chauffage

película

film

equipo de música

chaîne hi-fi

llave

clé

periódico

journal

pintura

peinture

póster

poster

radio

radio

cuaderno

bloc-notes

aspiradora

aspirateur

cactus

cactus

vela

bougie

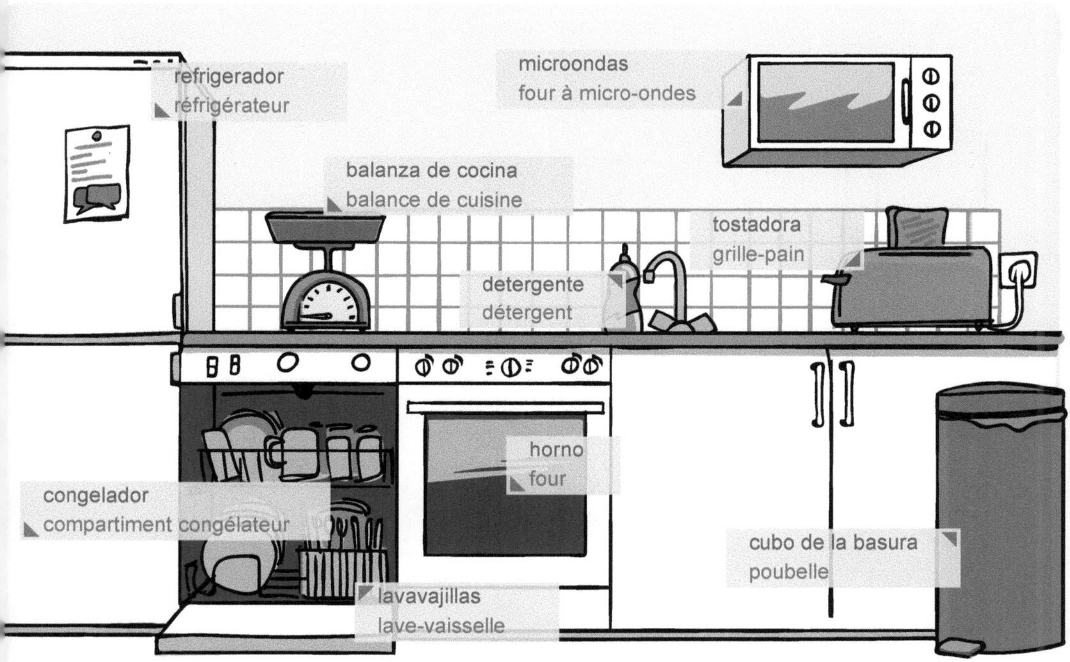

refrigerador
réfrigérateur

microondas
four à micro-ondes

balanza de cocina
balance de cuisine

tostadora
grille-pain

detergente
détergent

congelador
compartiment congélateur

horno
four

cubo de la basura
poubelle

lavavajillas
lave-vaisselle

olla a presión
....
four

olla
....
casserole

olla de hierro fundido
....
marmite

wok / karahi
....
wok / kadai

cazuela
....
poêle

hervidor
....
bouilloire electrique

cocina - cuisine

vaporera

cuiseur vapeur

chapa de horno

plaque de cuisson

vajilla

vaisselle

taza

gobelet

tazón

coupe

palillos

baguettes

cucharón

louche

espumadera

spatule

batidor

fouet

colador

passoire

cedazo

tamis

rallador

râpe

mortero

mortier

barbacoa

barbecue

hoguera

cheminée

tabla de picar

planche à découper

rodillo

rouleau à pâtisserie

sacacorchos

tire-bouchon

lata

boîte

abrelatas

ouvre-boîte

agarrador

maniques

lavabo

lavabo

cepillo

brosse

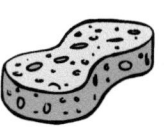

esponja

éponge

batidora

mixeur

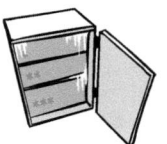

congelador

congélateur

biberón

biberon

grifo

robinet

cuarto de baño
salle de bain

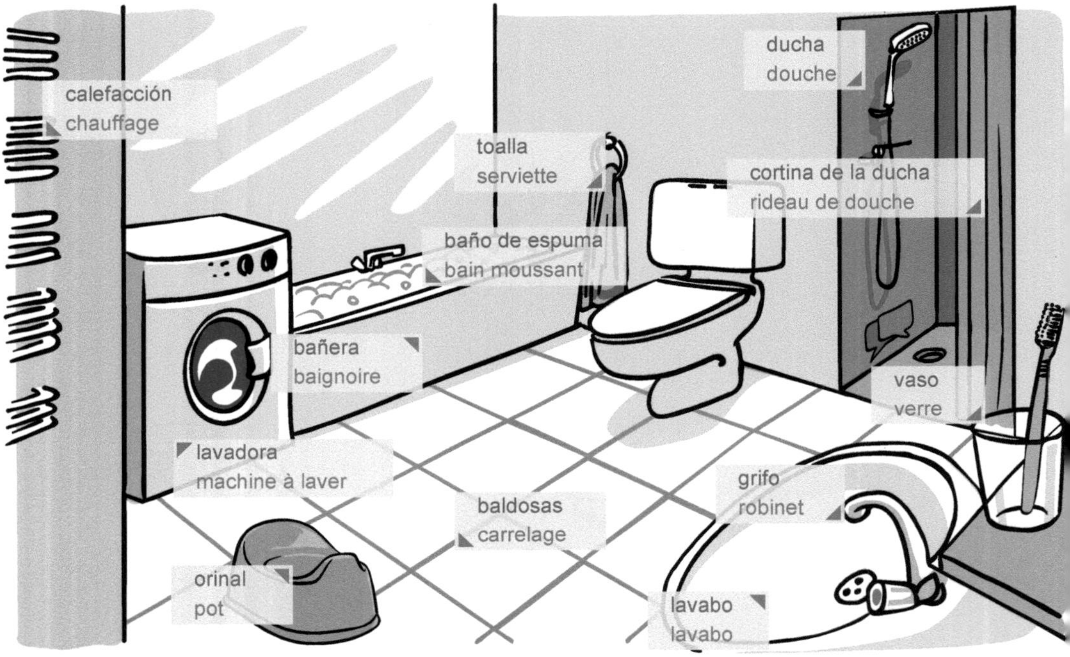

calefacción
chauffage
ducha
douche
toalla
serviette
cortina de la ducha
rideau de douche
baño de espuma
bain moussant
bañera
baignoire
vaso
verre
lavadora
machine à laver
grifo
robinet
baldosas
carrelage
orinal
pot
lavabo
lavabo

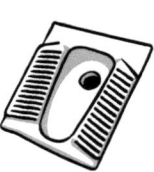

inodoro

toilettes

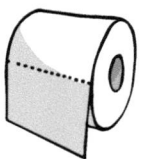

inodoro rústico

toilette à la turque

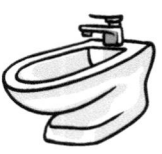

bidé

bidet

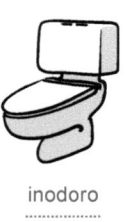

urinario

urinoir

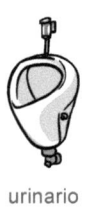

papel higiénico

papier toilette

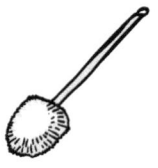

escobilla del váter

brosse à toilette

cepillo de dientes

brosse à dents

pasta de dientes

dentifrice

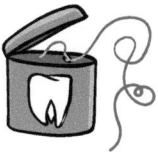

hilo dental

fil dentaire

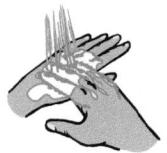

lavar

laver

ducha de mano

douche manuelle

ducha íntima

douche intime

pila

vasque

cepillo de espalda

brosse dorsale

jabón

savon

gel de ducha

gel douche

champú

shampooing

toallita

gant de toilette

desagüe

écoulement

crema

crème

desodorante

déodorant

espejo

miroir

espejo de tocador

miroir cosmétique

maquinilla de afeitar

rasoir

espuma de afeitar

mousse à raser

loción postafeitado

après-rasage

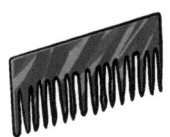

peine

peigne

cepillo

brosse

secador

sèche-cheveux

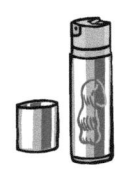

laca

laque pour cheveux

maquillaje

fond de teint

pintalabios

rouge à lèvres

pintauñas

vernis à ongles

algodón

ouate

cortauñas

coupe-ongles

perfume

parfum

estuche de viaje

trousse de toilette

banqueta

tabouret

balanza

pèse-personne

albornoz

peignoir

guantes de goma

gants de nettoyage

tampón

tampon

compresa

serviettes hygiéniques

inodoro químico

toilette chimique

habitación de los niños
chambre d'enfant

despertador
réveil
peluche
doudou
coche de juguete
voiture jouet
sonajero
hochet
casa de muñecas
maison de poupée
regalo
cadeau

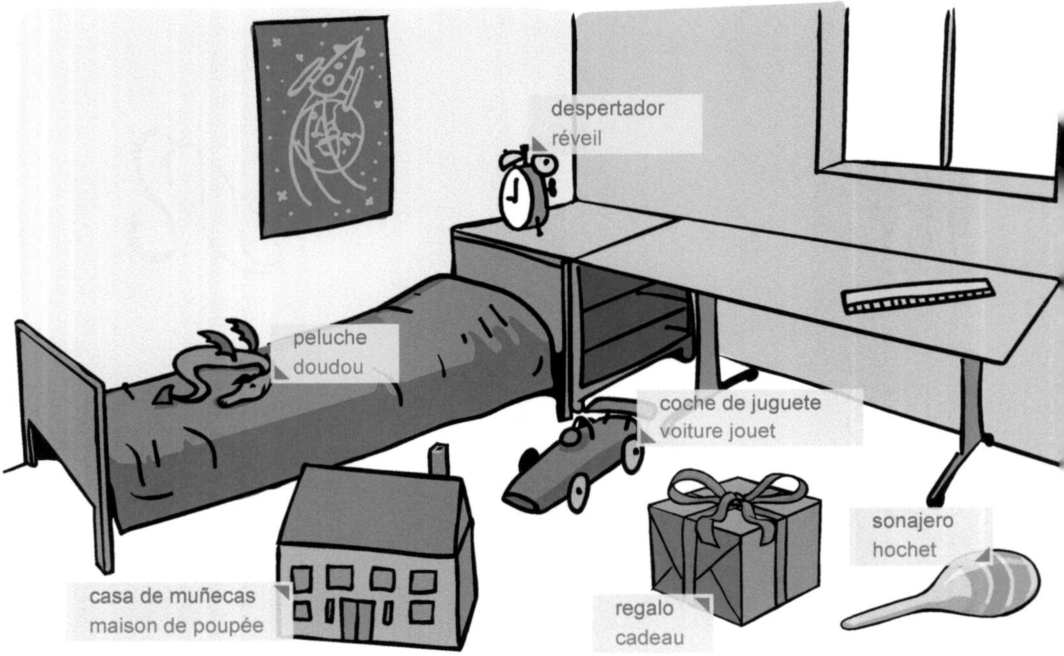

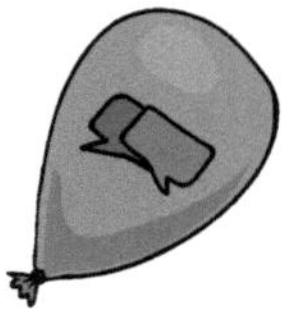

globo

ballon

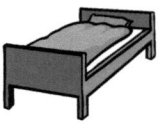

cama

lit

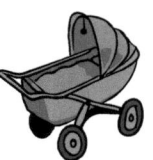

coche de niño

poussette

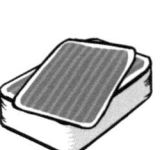

naipes

jeu de cartes

puzle

puzzle

SUPER MEGA

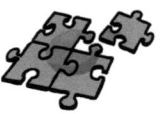

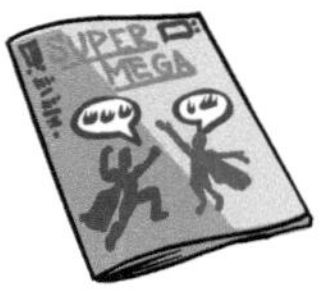

tebeo

bande dessinée

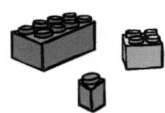

piezas de lego

pièces lego

bloques de juguete

blocs de construction

figura de acción

figurine

bodi (de bebé)

grenouillère

frisbee

frisbee

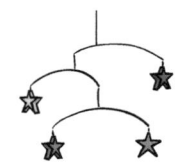

colgador móvil para bebés

mobile

juego de mesa

jeu de société

dados

dé

circuito de tren eléctrico

train miniature

maniquí

sucette

fiesta

fête

álbum de fotos

livre d'images

pelota

balle

muñeca

poupée

jugar

jouer

cajón de arena

bac à sable

columpio

balançoire

juguetes

jouets

videoconsola

console de jeu

triciclo

tricycle

oso de peluche

ours en peluche

guardarropa

armoire

ropa

vêtements

calcetines

chaussettes

medias

bas

leotardos

collant

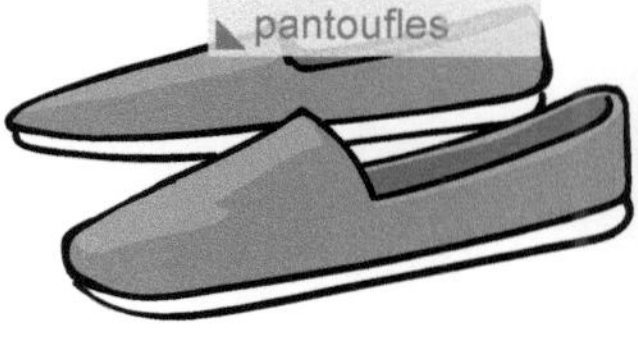

bufanda
écharpe

cinturón
ceinture

paraguas
parapluie

camiseta
t-shirt

deportivas
baskets

botas
bottes

zapatillas
pantoufles

sandalias
·················
sandales

zapatos
·················
chaussures

botas de goma
·················
bottes de caoutchouc

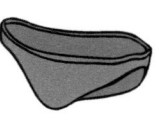

slip
·················
sous-vêtements

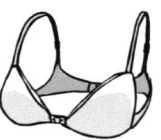

sostén
·················
soutien-gorge

chaleco
·················
maillot de corps

bodi
body

pantalones
pantalon

vaqueros
jean

falda
jupe

blusa
chemisier

camisa
chemise

jersey
pull

suéter
sweat à capuche

blazer
veste

chaqueta
veste

abrigo
manteau

gabardina
imperméable

traje
costume

vestido
robe

vestido de novia
robe de mariée

traje
costume

camisón
chemise de nuit

pijama
pyjama

sari
sari

bandana
foulard

turbante
turban

burka
burqa

caftán
caftan

abaya
abaya

traje de baño
maillot de bain

bañador
maillot de bain

pantalones cortos
short

chándal
tenue d'entraînement

delantal
tablier

guantes
gants

botón

bouton

gafas

lunettes

brazalete

bracelet

collar

collier

anillo

bague

pendiente

boucle d'oreille

gorra

bonnet

percha

cintre

sombrero

chapeau

corbata

cravate

cremallera

fermeture éclair

casco

casque

tirantes

bretelles

uniforme escolar

uniforme scolaire

uniforme

uniforme

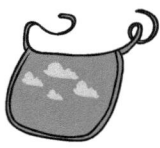

babero

bavoir

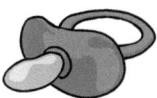

maniquí

sucette

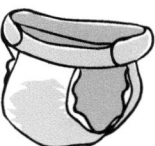

pañal

lange

oficina
bureau

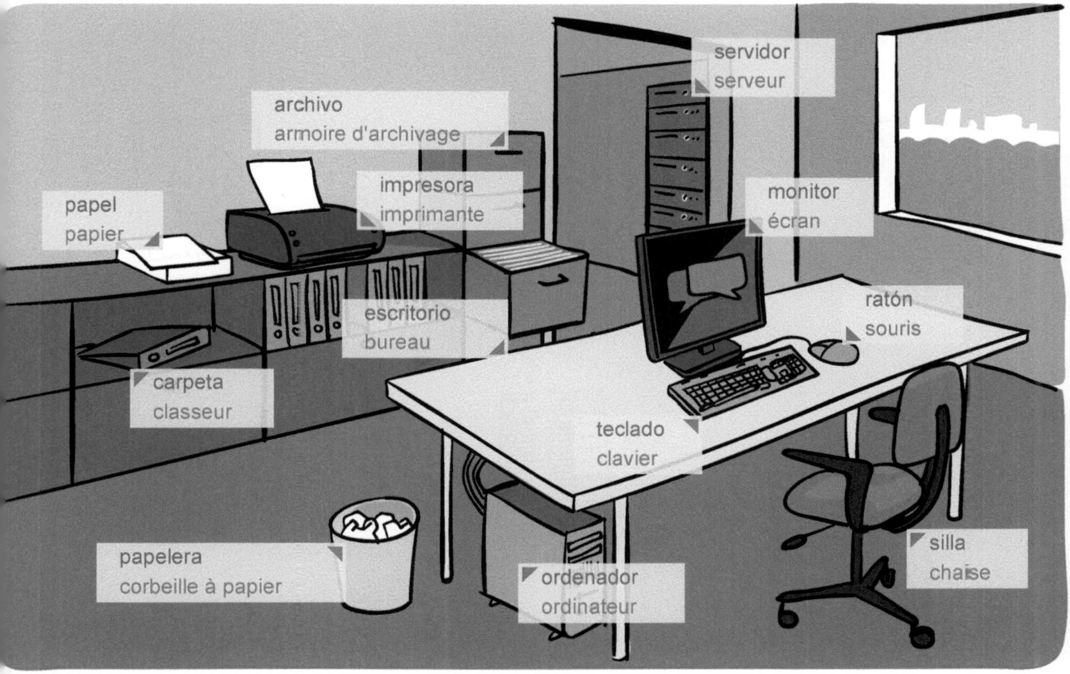
servidor
serveur
archivo
armoire d'archivage
impresora
imprimante
papel
papier
monitor
écran
escritorio
bureau
ratón
souris
carpeta
classeur
teclado
clavier
papelera
corbeille à papier
silla
chaise
ordenador
ordinateur

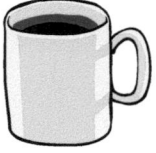

taza de café

tasse de café

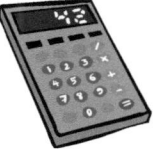

calculadora

calculatrice

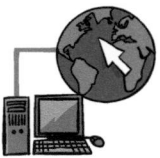

internet

internet

portátil

ordinateur portable

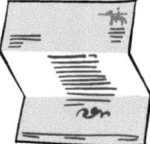

carta

lettre

mensaje

message

móvil

portable

red

réseau

fotocopiadora

photocopieuse

software

logiciel

teléfono

téléphone

toma de corriente

prise

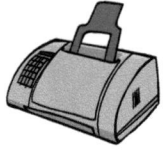

fax

fax

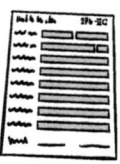

formulario

formulaire

documento

document

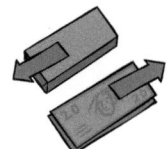

comprar

acheter

pagar

payer

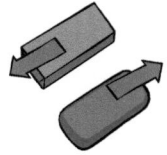

comerciar

faire du commerce

dinero

monnaie

dólar

dollar

euro

euro

yen

yen

rublo

rouble

franco suizo

franc suisse

renminbi yuan

renminbi yuan

rupia

roupie

cajero automático

distributeur automatique

oficina de cambio de divisas

bureau de change

oro

or

plata

argent

petróleo

pétrole

energía

énergie

precio

prix

contrato

contrat

impuesto

taxe

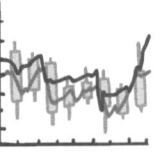

acción

action

trabajar

travailler

empleado

employé

empleador

employeur

fábrica

usine

tienda

magasin

oficios
professions

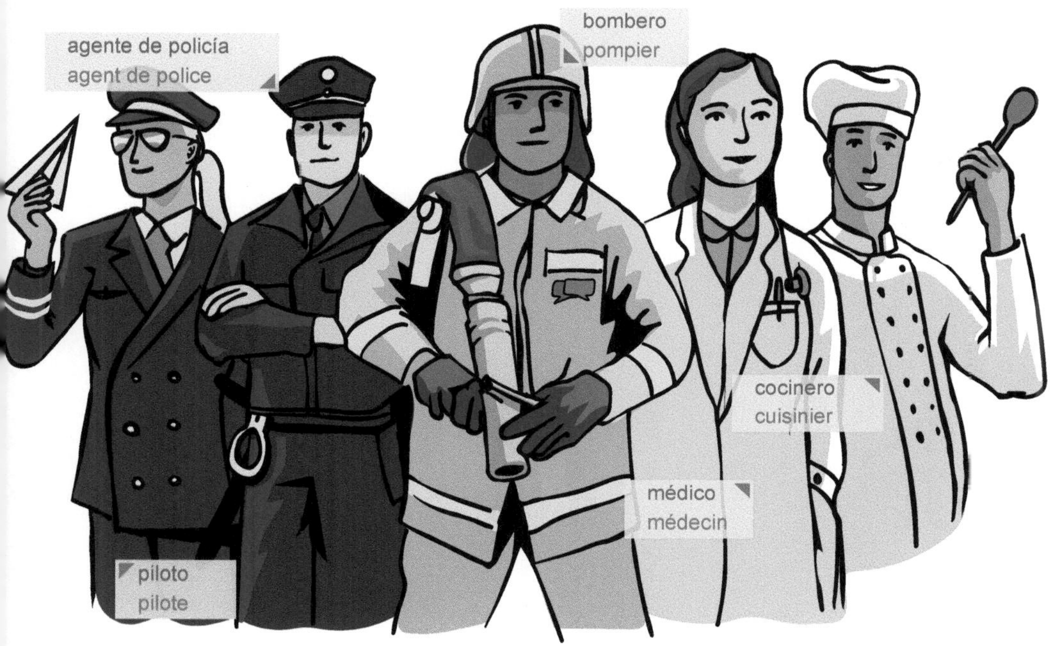
agente de policía
agent de police
bombero
pompier
cocinero
cuisinier
médico
médecin
piloto
pilote

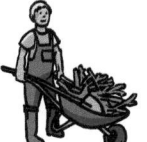

jardinero

jardinier

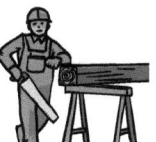

carpintero

menuisier

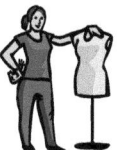

costurera

couturière

juez

juge

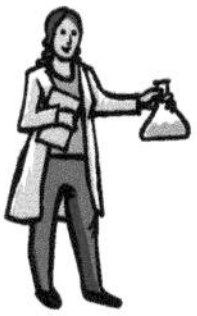

farmacéutico

chimiste

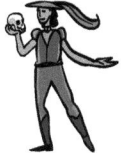

actor

acteur

conductor de autobús

conducteur de bus

taxista

chauffeur de taxi

pescador

pêcheur

señora de la limpieza

femme de ménage

techador

couvreur

camarero

serveur

cazador

chasseur

pintor

peintre

panadero

boulanger

electricista

électricien

obrero

ouvrier

ingeniero

ingénieur

carnicero

boucher

fontanero

plombier

cartero

facteur

soldado

soldat

arquitecto

architecte

cajero

caissier

florista

fleuriste

peluquero

coiffeur

revisor

contrôleur

mecánico

mécanicien

capitán

capitaine

dentista

dentiste

científico

scientifique

rabino

rabbin

imán

imam

monje

moine

sacerdote

prêtre

herramientas
outils

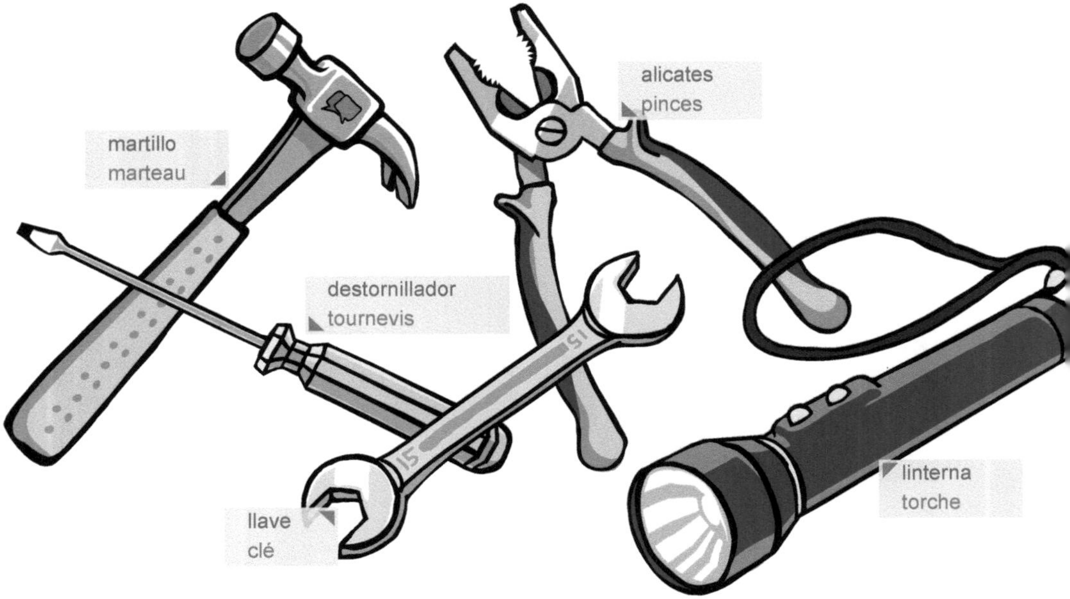

martillo
marteau
alicates
pinces
destornillador
tournevis
llave
clé
linterna
torche

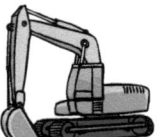

excavadora

pelleteuse

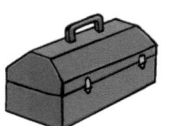

caja de herramientas

boîte à outils

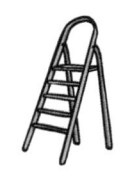

escalera de mano

échelle

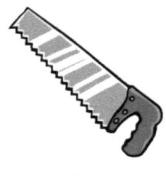

sierra

scie

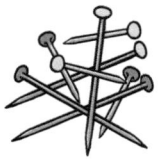

clavos

clous

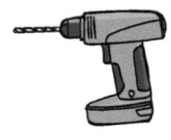

taladro

perceuse

reparar

réparer

pala

pelle

¡Maldita sea!

Mince !

recogedor

pelle

bote de pintura

pot de peinture

tornillos

vis

instrumentos musicales
instruments de musique

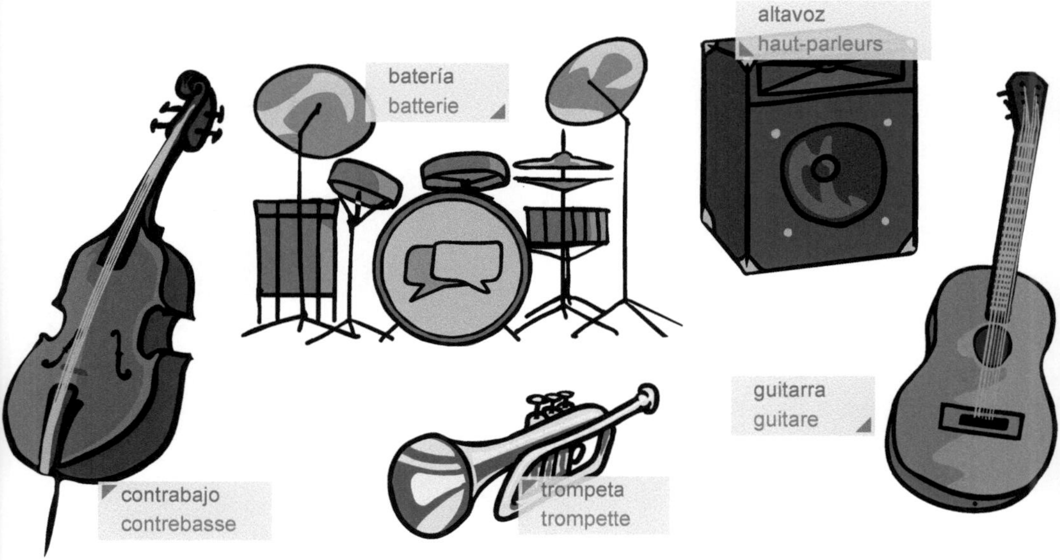

batería
batterie

altavoz
haut-parleurs

contrabajo
contrebasse

trompeta
trompette

guitarra
guitare

piano
piano

violín
violon

bajo
basse

timbales
timbales

tambor
tambour

teclado
piano électrique

saxofón
saxophone

flauta
flûte

micrófono
microphone

tigre
tigre

entrada
entrée

jaula
cage

cebra
zèbre

pienso
alimentation animale

panda
panda

animales
animaux

elefante
éléphant

canguro
kangourou

rinoceronte
rhinocéros

gorila
gorille

oso
ours

camello

chameau

avestruz

autruche

león

lion

mono

singe

flamingo

flamand rose

loro

perroquet

oso polar

ours polaire

pingüino

pingouin

tiburón

requin

pavo real

paon

serpiente

serpent

cocodrilo

crocodile

guardián de zoológico

gardien de zoo

foca

phoque

jaguar

jaguar

poni

poney

leopardo

léopard

hipopótamo

hippopotame

jirafa

girafe

águila

aigle

jabalí

sanglier

pescado

poisson

tortuga

tortue

morsa

morse

zorro

renard

gacela

gazelle

fútbol americano
american Football

ciclismo
cyclisme

tenis
tennis

baloncesto
basket-ball

natación
natation

boxeo
boxe

hockey sobre hielo
hockey sur glace

fútbol
football

bádminton
badminton

atletismo
athlétisme

balonmano
handball

esquí
ski

polo
polo

actividades
activités

saltar
sauter
abrazar
embrasser
reír
rire
caminar
marcher
cantar
chanter
soñar
rêver
rezar
prier
besar
faire la bise

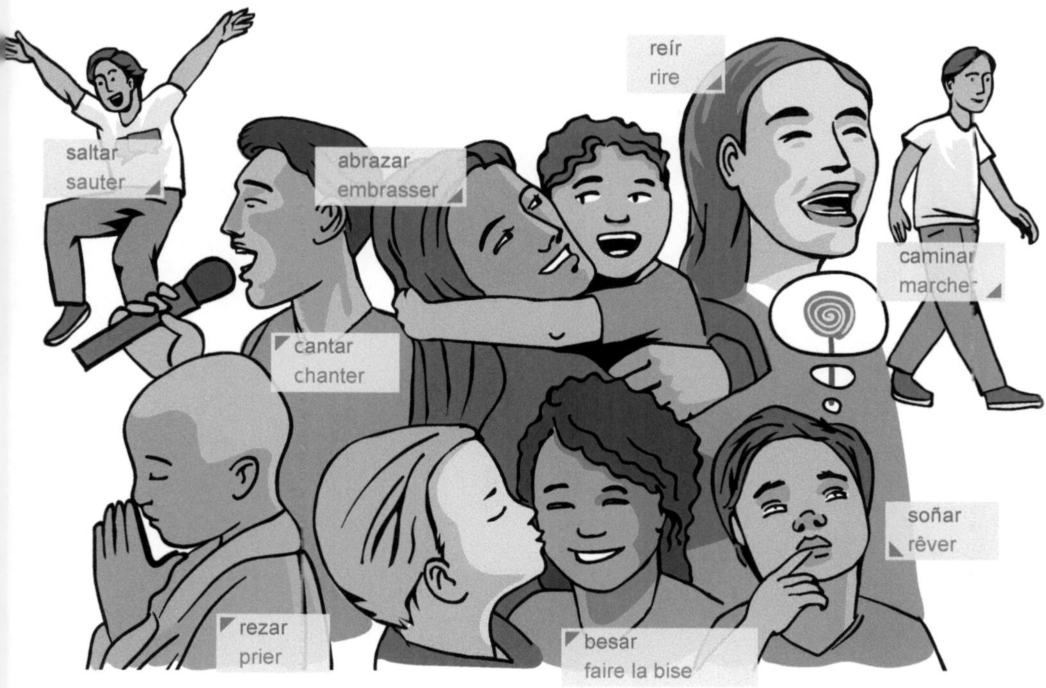

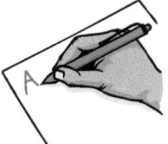

escribir
écrire

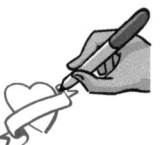

dibujar
dessiner

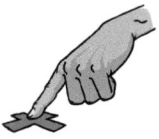

mostrar
montrer

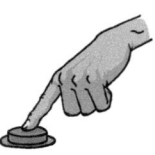

empujar
pousser

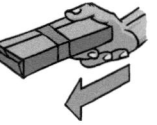

dar
donner

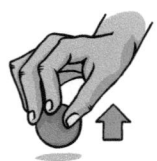

tomar
prendre

tener
avoir

hacer
faire

ser
être

estar de pie
être debout

correr
courir

tirar
trier

tirar
jeter

caer
tomber

yacer
être couché

esperar
attendre

llevar
porter

estar sentado
être assis

vestirse
s'habiller

dormir
dormir

despertar
se réveiller

mirar

regarder

llorar

pleurer

acariciar

caresser

peinar

peigner

hablar

parler

entender

comprendre

preguntar

demander

escuchar

écouter

beber

boire

comer

manger

ordenar

ranger

amar

aimer

cocinar

cuire

conducir

conduire

volar

voler

navegar

faire de la voile

calcular

calculer

leer

lire

aprender

apprendre

trabajar

travailler

casarse

se marier

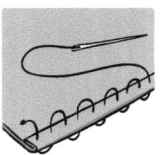

coser

coudre

cepillarse los dientes

brosser les dents

matar

tuer

fumar

fumer

enviar

envoyer

abuela
grand-mère

abuelo
grand-père

padre
père

madre
mère

bebé
bébé

hija
fille

hijo
fils

invitado

hôte

tía

tante

tío

oncle

hermano

frère

hermana

sœur

cuerpo

corps

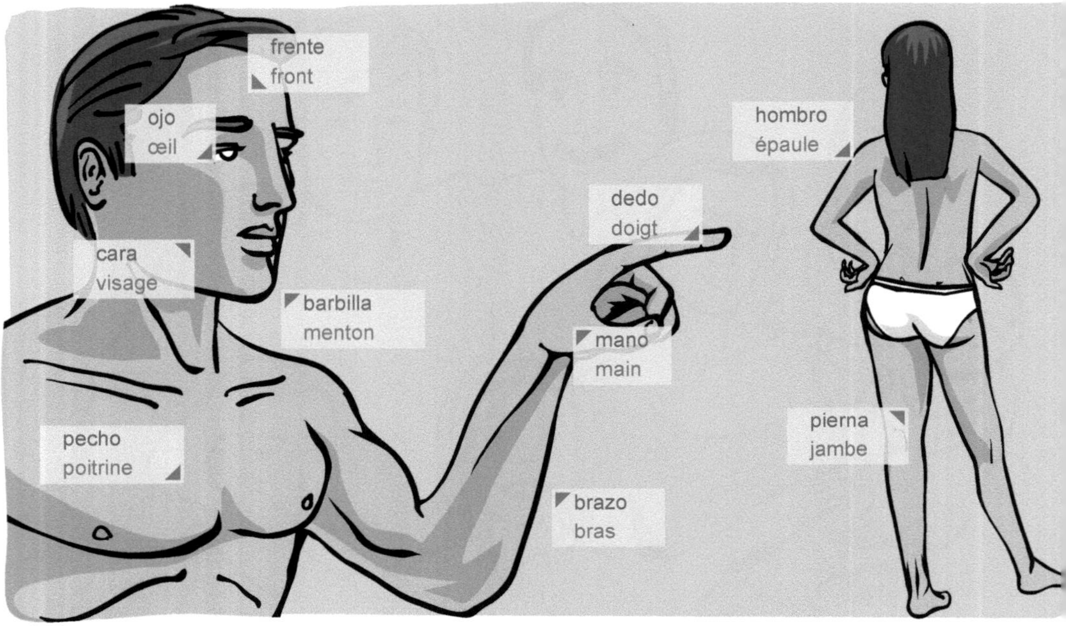

frente
front

ojo
œil

hombro
épaule

dedo
doigt

cara
visage

barbilla
menton

mano
main

pecho
poitrine

pierna
jambe

brazo
bras

bebé

bébé

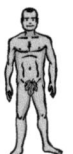

hombre

homme

mujer

femme

chica

fille

chico

garçon

cabeza

tête

espalda
dos

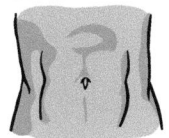

vientre
ventre

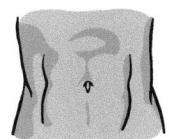

ombligo
nombril

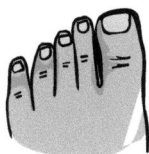

dedo del pie
orteil

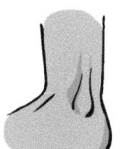

talón
talon

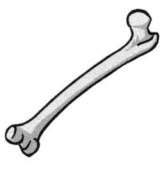

hueso
os

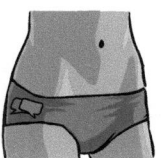

cadera
hanche

rodilla
genou

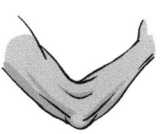

codo
coude

nariz
nez

trasero
fesses

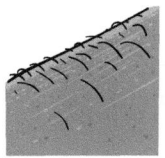

piel
peau

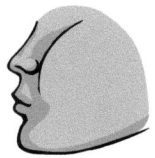

mejilla
joue

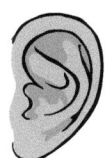

oído
oreille

labio
lèvre

boca

bouche

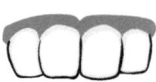

diente

dent

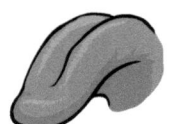

lengua

langue

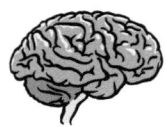

cerebro

cerveau

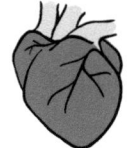

corazón

cœur

músculo

muscle

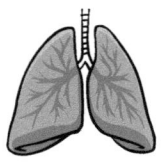

pulmón

poumons

hígado

foie

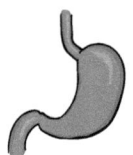

estómago

estomac

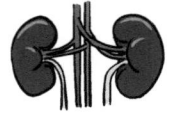

riñones

reins

sexo

rapport sexuel

condón

préservatif

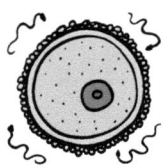

ovario

ovule

semen

sperme

embarazo

grossesse

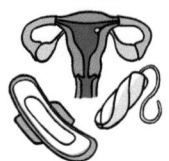

menstruación

menstruation

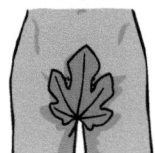

vagina

vagin

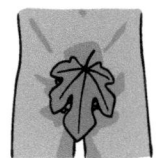

pene

pénis

ceja

sourcil

pelo

cheveux

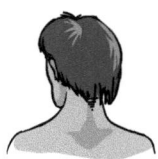

cuello

cou

hospital
hôpital

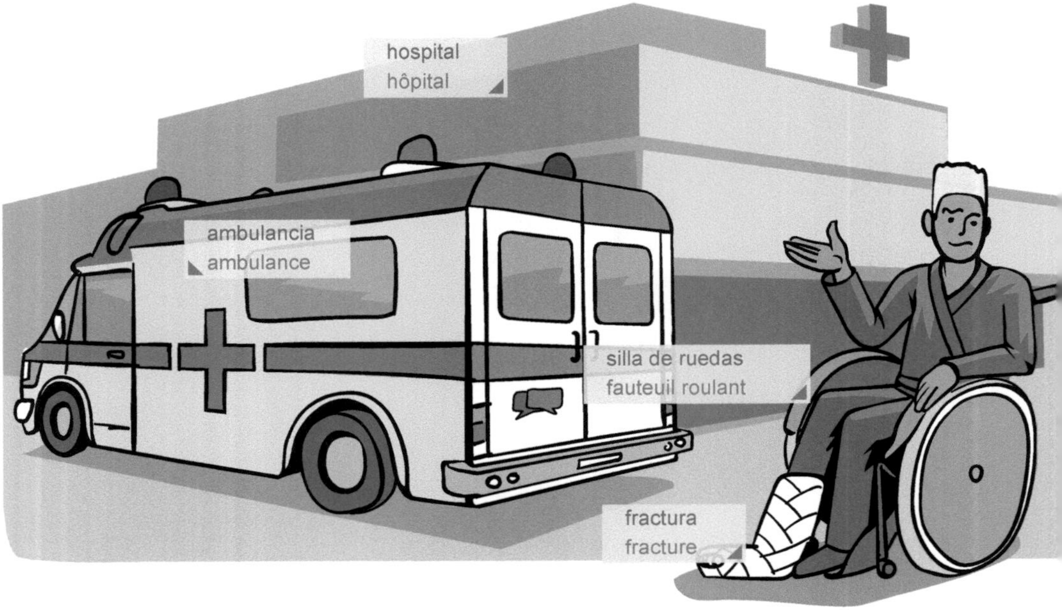

hospital
hôpital
ambulancia
ambulance
silla de ruedas
fauteuil roulant
fractura
fracture

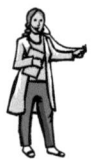

médico

médecin

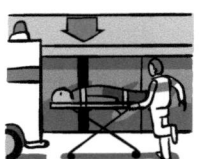

sala de urgencias

service des urgences

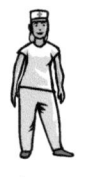

enfermera

infirmière

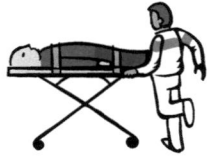

urgencia

urgence

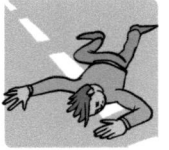

inconsciente

inconscient

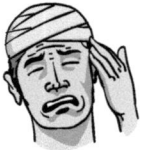

dolor

douleur

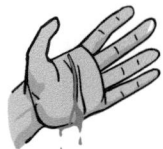

lesión

blessure

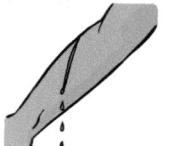

hemorragia

hémorragie

infarto

crise cardiaque

ictus

attaque cérébrale

alergia

allergie

tos

toux

fiebre

fièvre

gripe

grippe

diarrea

diarrhée

dolor de cabeza

mal de tête

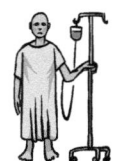

cáncer

cancer

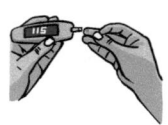

diabetes

diabète

cirujano

chirurgien

bisturí

scalpel

operación

opération

TAC

CT

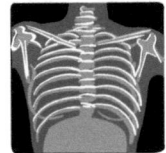

rayos x

radiographie

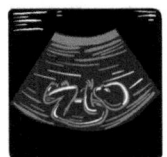

ultrasonido

échographie

mascarilla

masque

enfermedad

maladie

sala de espera

salle d'attente

muleta

béquille

tirita

pansement

venda

pansement

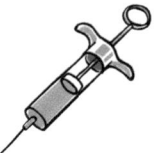

inyección

injection

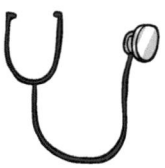

estetoscopio

stéthoscope

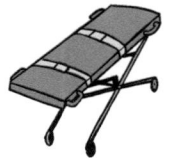

camilla

brancard

termómetro

thermomètre

nacimiento

accouchement

sobrepeso

surcharge pondérale

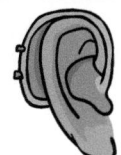

audífono

appareil auditif

desinfectante

désinfectant

infección

infection

virus

virus

VIH / SIDA

VIH / sida

medicina

médicament

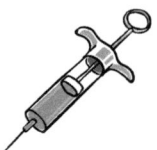

vacunación

vaccination

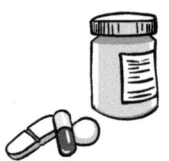

tabletas

comprimés

pastilla

pilule

llamada de urgencia

appel d'urgence

tensiómetro

tensiomètre

enfermo / sano

malade / sain

¡Socorro!

Au secours !

alarma

alarme

asalto

assaut

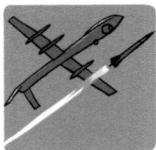

ataque

attaque

peligro

danger

salida de emergencia

sortie de secours

¡Fuego!

Au feu!

extintor de incendios

extincteur

accidente

accident

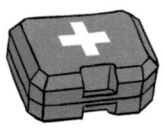

botiquín de primeros
auxilios

trousse de premier secours

SOS

SOS

policía

police

Europa

Europe

Norteamérica

Amérique du Nord

Sudamérica

Amérique du Sud

África

Afrique

Asia

Asie

Australia

Australie

Atlántico

Océan atlantique

Pacífico

Océan pacifique

Océano Índico

Océan indien

Océano Antártico

Océan antarctique

Océano Ártico

Océan arctique

polo norte

pôle nord

polo sur

pôle sud

Antártida

Antarctique

tierra

terre

tierra

pays

mar

mer

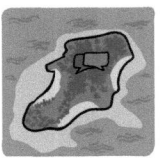

isla

île

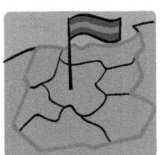

nación

nation

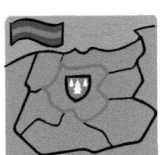

estado

état

esfera

cadran

manecilla de las horas

aiguille des heures

minutero

aiguille des minutes

segundero

aiguille des secondes

¿Qué hora es?

Quelle heure est-il ?

día

jour

tiempo

temps

ahora

maintenant

reloj digital

montre digitale

minuto

minute

hora

heure

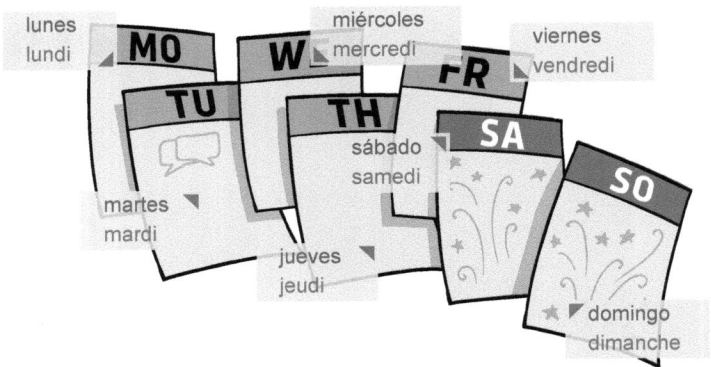

lunes
lundi

miércoles
mercredi

viernes
vendredi

martes
mardi

sábado
samedi

jueves
jeudi

domingo
dimanche

ayer
hier

hoy
aujourd'hui

mañana
demain

mañana
matin

mediodía
midi

tarde
soir

MO	TU	WE	TH	FR	SA	SU
1	2	3	4	5	6	7
8	9	10	11	12	13	14
15	16	17	18	19	20	21
22	23	24	25	26	27	28
29	30	31	1	2	3	4

días laborables
jours ouvrables

MO	TU	WE	TH	FR	SA	SU
1	2	3	4	5	6	7
8	9	10	11	12	13	14
15	16	17	18	19	20	21
22	23	24	25	26	27	28
29	30	31	1	2	3	4

fin de semana
week-end

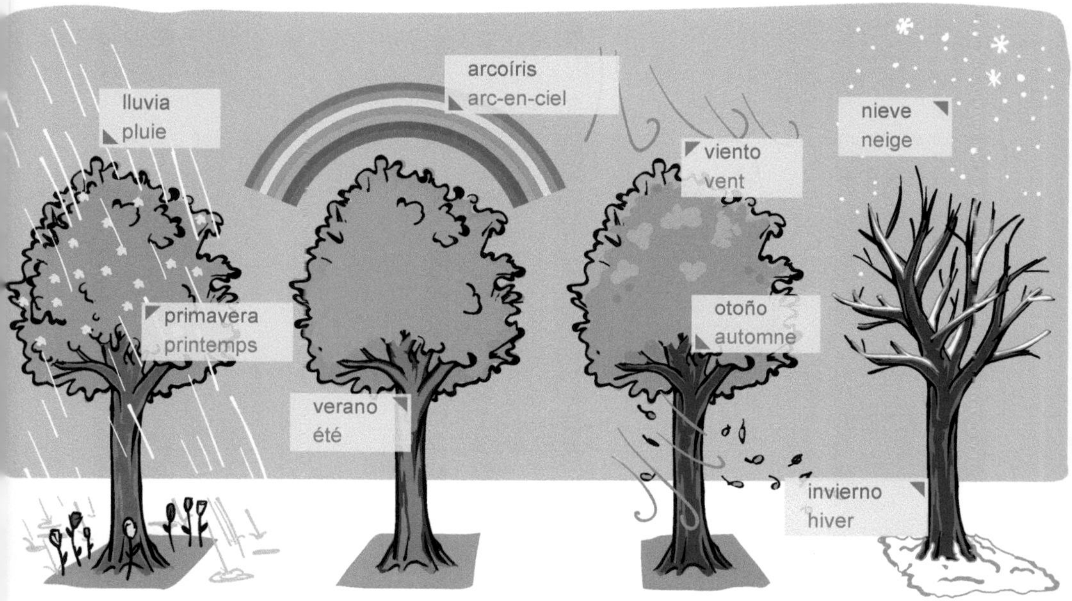

arcoíris
arc-en-ciel
lluvia
pluie
nieve
neige
viento
vent
primavera
printemps
otoño
automne
verano
été
invierno
hiver

4.APRIL 11°
5.APRIL 4°
6.APRIL 13°
7.APRIL 8°
8.APRIL 10°

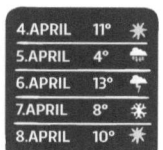

pronóstico del tiempo

météo

F C
120 40
90 30
60 20
30 10
0 0
-30 -10
-20

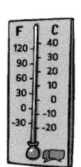

termómetro

thermomètre

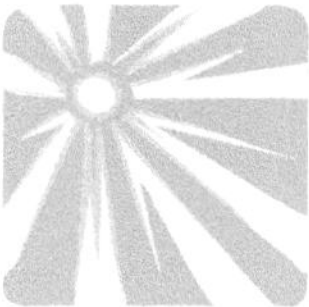

sol

lumière du soleil

nube

nuage

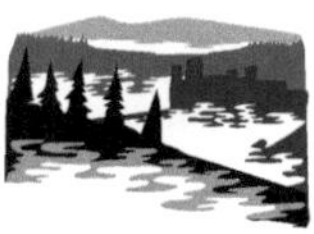

niebla

brouillard

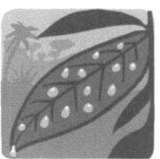

humedad

humidité

rayo

foudre

trueno

tonnerre

tormenta

tempête

granizo

grêle

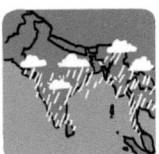

monzón

mousson

inundación

inondation

hielo

glace

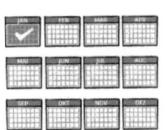

enero

janvier

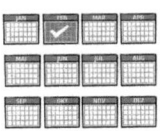

febrero

février

marzo

mars

abril

avril

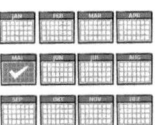

mayo

mai

junio

juin

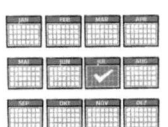

julio

juillet

agosto

août

año - année

septiembre
....
septembre

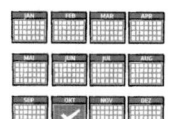

octubre
....
octobre

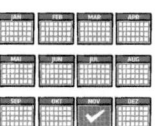

noviembre
....
novembre

diciembre
....
décembre

formas

formes

círculo
....
cercle

cuadrado
....
carré

rectángulo
....
rectangle

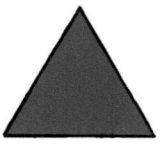

triángulo
....
triangle

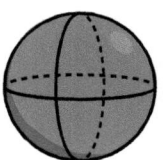

esfera
....
sphère

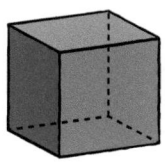

cubo
....
cube

blanco

blanc

amarillo

jaune

anaranjado

orange

rosa

rose

rojo

rouge

morado

violet

azul

bleu

verde

vert

marrón

marron

gris

gris

negro

noir

mucho / poco

beaucoup / peu

enojado / tranquilo

fâché / calme

bonito / feo

joli / laid

principio / fin

début / fin

grande / pequeño

grand / petit

claro / oscuro

clair / obscure

hermano / hermana

frère / soeur

limpio / sucio

propre / sale

completo / incompleto

complet / incomplet

día / noche

jour / nuit

muerto / vivo

mort / vivant

ancho / estrecho

large / étroit

comestible / no comestible

comestible / incomestible

malo / amable

méchant / gentil

entusiasmado / aburrido

excité / ennuyé

gordo / delgado

gros / mince

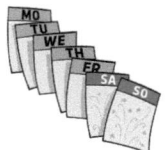

primero / último

premier / dernier

amigo / enemigo

ami / ennemi

lleno / vacío

plein / vide

duro / blando

dur / souple

pesado / ligero

lourd / léger

hambre / sed

faim / soif

enfermo / sano

malade / sain

ilegal / legal

illégal / légal

inteligente / tonto

intelligent / stupide

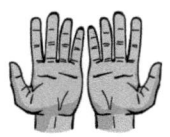

izquierda / derecha

gauche / droite

cerca / lejos

proche / loin

nuevo / usado

nouveau / usé

nada / algo

rien / quelque chose

viejo / joven

vieux / jeune

encendido / apagado

marche / arrêt

abierto / cerrado

ouvert / fermé

silencioso / ruidoso

faible / fort

rico / pobre

riche / pauvre

correcto / incorrecto

correct / incorrect

áspero / suave

rugueux / lisse

triste / contento

triste / heureux

corto / largo

court / long

lento / rápido

lent / rapide

húmedo / seco

mouillé / sec

cálido / frío

chaud / froid

guerra / paz

guerre / paix

0

cero

zéro

1

uno

un / une

2

dos

deux

3

tres

trois

4

cuatro

quatre

5

cinco

cinq

6

seis

six

7

siete

sept

8

ocho

huit

9

nueve

neuf

10

diez

dix

11

once

onze

12

doce

douze

13

trece

treize

14

catorce

quatorze

15

quince

quinze

16

dieciséis

seize

17

diecisiete

dix-sept

18

dieciocho

dix-huit

19

diecinueve

dix-neuf

20

veinte

vingt

100

cien

cent

1.000

mil

mille

1.000.000

millón

million

inglés

anglais

inglés americano

anglais américain

chino mandarín

chinois mandarin

hindi

hindi

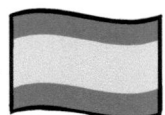

español

espagnol

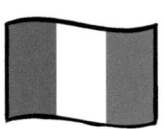

francés

français

árabe

arabe

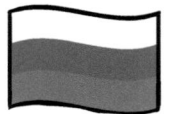

ruso

russe

portugués

portugais

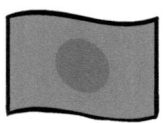

bengalí

bengali

alemán

allemand

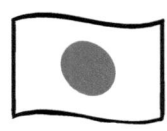

japonés

japonais

yo

je

tú

tu

él / ella / ello

il / elle / ce, c', cela

nosotros/as

nous

vosotros/as

vous

ellos/as

ils / elles

¿quién?

Qui ?

¿qué?

Quoi ?

¿cómo?

Comment ?

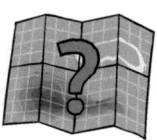

¿dónde?

Où ?

¿cuándo?

Quand ?

nombre

nom

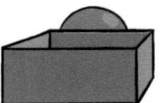

detrás

derrière

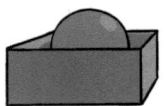

en

dans

delante de

devant

por encima de

au-dessus

sobre

sur

debajo de

en-dessous

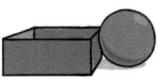

junto a

à côté de

entre

entre

lugar

lieu